Nik

Gaturro 1

EDICIONES DE LA FLOR

Nik
Gaturro 1.- 12ª. ed.- Buenos Aires : Ediciones de la Flor, 2009.
96 p. ; 20x14 cm.

ISBN 978-950-515-745-7

1. Humor gráfico argentino. I. Título
CDD A867

Diagramación: Christian Argiz | argiz-drager.com.ar

Duodécima edición: julio de 2009

Gorriti 3695, C1172ACE Buenos Aires, Argentina.
www.edicionesdelaflor.com.ar

Hecho el depósito que dispone la ley 11.723
Impreso en la Argentina
Printed in Argentina

Para Kuki
y Daniel

A... A... A... AT...
ATCHÚ!!
Y CLARO... TODO EL DÍA EN EL AGUA, SE RESFRÍA...

AGUA
ACEITE
DÍA
NOCHE
BLANCO
NEGRO
RIVER
BOCA
CUADRADO
REDONDO
BEATLES
ROLLING
ON
OFF
MIAU
GUAU
CARA
CECA
¿VISTE, TONTITA, QUE SOMOS EL UNO PARA EL OTRO?
Nik

GATURRO DA VINCI
GATURRO MIGUEL ÁNGEL
GATURRO MIRÓ
GATURRO VAN GOGH
GATURRO PICASSO
YA NO SÉ QUÉ HACER PARA CONQUISTARTE
¡QUÉ CUADRO PATÉTICO!
Nik

EN 30 AÑOS DE DOCENCIA NUNCA TUVIMOS A UN GATO DE ALUMNO... ¡¡ES RIDÍCULO!!
PERO ÉL QUIERE ESTUDIAR, SRA. DIRECTORA... ¿POR QUÉ LE VAN A COARTAR LA POSI-BILIDAD DE APRENDER?
¡ESO!
PE...PERO... ¿QUÉ MATERIAS PUEDEN INTERESARLE A UN... A UN... MININO??
BOFE I, RONRONEO III, OVILLOLOGÍA, SIESTA II, MIAU-TEMÁTICA HISTORIA FELINA I
Nik

GARCÍA ... 4 x 9
36
PANDOLFI ... 6 x 7
42
BARREIRO ... 3 x 8
24
GATURRO ... 4 x 4
65.000
¡¿¿ CÓMO 65.000 ??! ¡¡ PÉSIMO, GATURRO, PÉSIMO !!
Y ESO QUE LE DI PRECIO DE LISTA...
Automotor
4x4
Nik

HOLA
¿CÓMO ESTÁS, PRIMOR? ¿SOLITA?
ESTE ES MI SISTEMA DE "IDENTIFICACIÓN DE LLAMADAS"
Nik

¿CÓMO LE IRÁ A GATURRO EN EL COLEGIO?
LE VA A IR BIEN, ES UN GATO PIOLA...
HOY LO AYUDÉ CON LA TAREA, CON EL GUARDAPOLVO, CON LA VIANDA ¡Y LO MANDÉ! ¡¡NO TENDRÁ NINGÚN PROBLEMA!!
UNO SOLO: HOY ES SÁBADO
5º A
Nik

¡¡ ME ENCANTA VENIR DE COMPRAS AL SUPER MONTADO EN EL CARRITO !!
14
¡¡BIP!!
¡¡BIP!!
hiper
14
¡¡ BIP !!
¡¡ BIP !!
¡¡BIP!!
YOGURT... 1,58 . GALLETITA ... 2,14 CREMA DE ENJUAGUE ... 3,78 ¿ PELUCHE ... 7 ?
NO QUIERO NI PENSAR QUÉ LEYÓ EL LECTOR INFRARROJO
hiper
NIK

VEAMOS LOS ESPECÍMENES DEL GIMNASIO...
ESTÁN LAS QUE SE VISTEN COMO NENAS DE 15 Y HACEN 50 MINUTOS DE BICICLETA HABLANDO CON EL PROFESOR
ESTÁN LAS QUE HACEN 15' DE CINTA, 15' DE STEP, 15' DE BICI Y SE VAN TODAS A TOMAR EL TÉ CON TORTAS
ESTÁN LAS QUE SE VIENEN SUPER PRODUCIDAS Y HACEN 30' DE EXHIBICIONISMO EN CADA APARATO...
Y DESPUÉS ESTAMOS NOSOTROS...
LOS QUE HACEMOS 2' DE PESITAS, 3' DE FLEXIONES Y 55' DE INSPECCIÓN OCULAR...

ÁGATHA... ESTOY COMPLETAMENTE ENAMORADO DE MI MAESTRA, RUDA VINAGRETTI...
PERO, GATURRO... TU MAESTRA ES UNA SEÑORA GRANDE...
¿¿Y QUÉ?? CUANDO EL AMOR ES POR CONVENIENCIA... ¿ALGUIEN SE FIJA EN LA EDAD?
TÍN
TÍN
TÍN
BOLETÍN
Nik

ÁGATHA... ESTOY VIVIENDO UN TÓRRIDO ROMANCE CON MI MAESTRA: RUDA VINAGRETTI...
DISCULPAME... ¿Y ELLA SABE QUE ESTÁ VIVIENDO UN ROMANCE CON VOS?
¡¡PERO, POR FAVOOOR!!
MIRÁ... TODOS LOS DÍAS LE MANDO UNA CARTA DE AMOR Y ELLA ME LAS DEVUELVE CON MARCAS DE ROUGE...
NO, GATURRO... ¡¡SON LOS ERRORES DE ORTOGRAFÍA CORREGIDOS EN ROJO!!
Nik

HOLA GATURRO, SOY LA VERDAD...
¿LA VERDAD?
LA PURA VERDAD... ÉSA QUE NADIE QUIERE DECIR
LOS POLÍTICOS NACIONALES NO ME QUIEREN, PORQUE HAGO PERDER ELECCIONES...
LOS POLÍTICOS INTERNACIONALES ME HUYEN, PORQUE VOY EN CONTRA DE LOS INTERESES ECONÓMICOS...
¡¡ Y YO ESTOY CADA VEZ MÁS SOLA !! SNIF... ¡ ÉSA ES LA VERDAD !
PARECE MENTIRA...
Nik

TE AMO
I LOVE YOU
JE T'AIME
ICH LIEBE DICH
YA LYUBLYU TEBYA
君を愛す
PAF
PARA LAS RESPUESTAS AGATHA MANEJA EL LENGUAJE UNIVERSAL
Nik

¡¡GATURRO!!
VOS ME DIJISTE QUE TE HABÍAS SACADO UN 8 EN LENGUA Y UN 9 EN MATEMÁTICAS...
¡¡PERO ACÁ VEO UN 3!! ¡¡Y VEO UN 4!! ¡¿QUÉ ES ESTO?!
BOLETÍN
ES LA EVASIÓN EDUCATIVA... EN LOS DOCUMENTOS OFICIALES UNO SIEMPRE DECLARA DE MENOS
Nik

¡¡ ME ENCANTA VIAJAR CON LA CABEZA AFUERA !!
¡¡ SENTIR EL VIENTO, LA VELOCIDAD... UAUUUUUU!!
¿ Y GATURRO ? ¿ DÓNDE ESTÁ GATURRO ?
Nik

¡¡ESTO ES INSÓLITO!! ¡TENEMOS UN GATO EN LA ESCUELA Y ENCIMA ME PIDE QUE LE HAGA LA TAREA!
BUÉ ... A VER ... ¿QUÉ TENGO QUE RESOLVERTE HOY? PRESIDENTES ARGENTINOS DEL SIGLO XX ...
BAH...
Historia
Nik

ALUMNOS ...SOY LA PROFESORA DE MÚSICA, LA SEÑORITA CORCHETI ... HOY VEREMOS NOTAS, PARTITURAS...
¡ SONAMOS ! (LITERALMENTE)
A VER, ROSALES... ¿ UD. SABE DIBUJAR UN PENTAGRAMA ?
NO
¿ Y UD., GORRITI ?
TAMPOCO
¡¡ AH... PERO MUY BIEN, GATURRO !! ¡¡ MUY PERO MUY BIEN !!
¿ VEN ? ¡¡ APRENDAN !! ¡¡ GATURRO SÍ SABE DIBUJAR UN PENTAGRAMA !!
EN REALIDAD ME ESTABA AFILANDO LAS UÑAS
Nik

AYER ROMPÍ UN JARRÓN
¿Y CÓMO SE LO TOMARON TUS DUEÑOS?
TUMP
CON TOTAL NATURALIDAD
Nik

¡¡ AQUÍ ESTÁ EL SER QUE MÁS QUIERO DE TODA LA CASA !!
PRIMERO LO BAÑAMOS... BIEN LIMPITO
LO SECAMOS CON DELICADEZA...
LE HACEMOS UNOS MIMOS...
Y MUUUUCHOS BESITOS...
CHUIK CHUIK CHUIK CHUIK CHUIK
Nik

ÁGATHA... AYER SOÑÉ QUE IBA AL CIELO...
¿EN SERIO? ¿Y QUÉ PASABA?
BUENAS, SAN PEDRO... ¿ES VERDAD QUE AQUÍ EN EL CIELO SÓLO ENTRAN LOS BUENOS?
NO... ESO DE LOS BUENOS Y LOS MALOS ES UNA LEYENDA URBANA... EN REALIDAD ACÁ HACEMOS TODO MUCHO MÁS FÁCIL... ¡¡POR SORTEO!!
¿POR SORTEO?
CLARO... TENEMOS ÁNGELES DISFRAZADOS EN LA TIERRA PARA EL CONCURSO...
¿AH, SÍ? ¡¿DÓNDE?!
Y ME RESPONDIÓ: ¿NUNCA TE PIDIERON LLENAR ALGÚN CUPÓN EN UN SHOPPING?
Nik

NO ARAÑES EL SILLÓN
NO MOLESTES A TU DUEÑO...
TÍN
TÍN
TÍN
NO ABANDONES TU TAREA ESCOLAR
MUTE
CLICK
¡¡AH... AHORA SÍ!! ¡¡ LA VOZ DE LA CONCIENCIA YA ME TENÍA PODRIDO !!
TOING
TOING
TOING
TOING

CUANDO LLEGA EL FRÍO ¡¡CÓMO NOS GUSTA A LOS GATOS BUSCAR EL RAYITO DE SOL !!
EL PROBLEMA ES QUE SE VA CORRIENDO...
JA
Nik

ÁGATHA... ¿VISTE QUE AL HABLAR EN INVIERNO SALE HUMITO?
SÍ... ¡HAGAMOS HUMITO!!
GATURRO... ¡CADA VEZ SE VE MENOS!
PERDÓN... ¿PODRÍAN PRENDER EL DESEMPAÑADOR DE CHISTES?
Nik

AMO QUE LLEGUE EL INVIERNO...
ME ENCANTA EL CAFECITO...
EL RAYITO DE SOL POR LA VENTANA
ME ENCANTA HACER HUMITO
PONERME MUCHO ABRIGO...
Y A LOS 5 MINUTOS VOLVER A LA CAMA !!
Nik

SNIF
SNIF
38°
¡ATCHÚ!
SNUF
SNUF
SNIF
SNIF
SNIF
SNIF
SNIF
SNIF
SNIF
¿Y CÓMO NO SE VA A ENCARIÑAR EL VIRUS DE LA GRIPE CON LA GENTE? SI ES EL ÚNICO QUE LOGRA UNIR A TODA LA FAMILIA...
SNIF
Vit C
Baja Grip

HODA, DICOS
HODA, DÁ
¿DEDAYUNÁS?
SNIF
SNIF
SNIF
SNIF
SNIF
SNIF
DUEDO... UN DAFECITO DÁPIDO
Í...DINDO
DINDO DÍA ¿DO?
SNIF
SNIF
BE DOY A DRABAJAD... DÁU, AMOD
DÁU, GODDI...
DÁU, DÁ... HADTA DUEDO
SNIF
SNIF
SNIF
SNIF
SNIF
SNIF
SNIF
SNIF
NUEDO IDIOMA: "RESFRIAÑOL" DE DA DEAL ACADEMIA ENGDIPADA
SNIF
SNIF
SNIF
NIK

GATURRO... ¿SEGUÍS RESFRIADO?
DUY DEFIADO...
AT... AT... AT...
NO... NO...
CHÚÚÚÚ
¿NO ME ALCANZÁS LOS CACHETES?
Nik

ÁGATHA... TE PRESENTO A MI NUEVA AMIGA...
GATURRANTA
¡¿ Y ÉSTA QUIÉN ES ?!
¡¡ ESTOY RE CELOSA !!
¿ CELOSA DE QUÉ ? ¡¡ SI VOS NUNCA ME DISTE NI LA HORA !!
¡¡ ES QUE YO QUIERO SER LA ÚNICA EN CORTARTE EL ROSTRO !!
Nik

GATURRO... ¡¿CÓMO VAS A SALIR CON GATURRANTA?!
¡¡ ANDÁ A SABER CUÁNTOS NOVIOS TUVO !!
NO, ÁGATHA... ELLA ME DIJO QUE SOY EL PRIMER AMOR DE SU VIDA...
LO QUE NO TE ACLARÉ ES DE CUÁL DE MIS 7 VIDAS...
Nik

CRICK CRICK
CRICK
CRICK
TIKI TIKI
TIKI TIKI
¡¡ GUAU , GUAU, GUAU , GUAU, GUAU , GUAU !!
¿ SABÉS QUÉ PASA , ÁGATHA? HOY POR HOY CON UN SÓLO TRABAJO NO ALCANZA ...
Nik

BIEN GORDI... ¡BRAVO!
¡TE ESTÁS CONTROLANDO EL PESO!
¡¡TE ESTÁS CUIDANDO!!
¡¡AL FIN USÁS LA BALANZA!!
POR SUERTE NO VIO QUE ERA LA SANGUCHERA...
¡¡ES QUE CON EL ESPECIAL DE BONDIOLA, QUESO Y TOMATE NO CERRABA LA TAPA!!
Nik

ÁGATHA... ¿POR QUÉ NO QUERÉS SER MI NOVIA? SIEMPRE ME RECHAZÁS...
PERO, GATURRO... TAMBIÉN RECHACÉ AL GATO DEL VECINO, RECHACÉ AL GATO DE LA OTRA CUADRA Y A CUANTO GATO SE ME CRUZÓ...
¿ENTENDÉS? EL TUYO NO ES UN CASO AISLADO...
ENTIENDO... ME AFECTÓ LA GLOBALIZACIÓN
NIK

ME LLEVO A GATURRO A LA OFICINA, PARA QUE CONOZCA EL LUGAR DONDE TRABAJO...
CHAU
ESTA ES MI OFICINA, GATURRO. PODÉS OBSERVAR, CAMINAR, PASEAR... ¡PERO VOS NO TRABAJÁS! ¿OK?
OKI
Café express
JA JA JA
TUC
¿Y QUÉ TAL LA OFICINA? ¿QUÉ HICIERON GATURRO Y VOS?
Y... MÁS O MENOS LO MISMO

Gaturro office
AY, ALDOPETTI... NO SÉ QUÉ HACER CON UD. EN LA EMPRESA
¿UD. TIENE ALGUNA HABILIDAD?
NO, SEÑOR.
¿ESTÁ CAPACITADO?
TAMPOCO
¿TIENE SENTIDO COMÚN?
CERO
¿SE LLEVA BIEN CON SUS COMPAÑEROS?
PARA NADA
¿LE GUSTA TRABAJAR?
NI UN POQUITO
PERFECTO... LO VOY A NOMBRAR JEFE...

¿SECRETARIA? NO, NO... YA NO SE DICE "SECRETARIA". SOY "ASISTENTE PERSONALIZADA"
YA NO SOY SÓLO "ADMINISTRATIVO", AHORA ME HAGO LLAMAR "DIRECTOR DE INFRAESTRUCTURA FINANCIERA"
¿QUÉ HACE ESTE GATO ACÁ? ¡¡LO VAMOS A USAR DE CADETE!!
¿CADETE? ¡¡YO SOY ASESOR ESPECIALIZADO EN INTERCAMBIO ADSCRIPTO A PORTERÍA!!
Nik

ÁGATHA... ¿QUÉ PASARÍA SI ME DIERAS BOLA?
ESO... ¿QUÉ PASARÍA?
CREO QUE SE ASUSTÓ
Nik
I♥L

¿SABÉS QUÉ, GATURRO? ...
...CREO QUE ME AGARRÓ UN EMBARAZO PSICOLÓGICO!!
¿UN EMBARAZO PSICOLÓGICO? ¿Y CÓMO LO SABÉS?
ME HICE EL FREUD-TEST
Nik

¡ QUÉ DESPELOTE ! ÁGATHA TUVO UN EMBARAZO PSICOLÓGICO Y CREE QUE UN HUEVO ES SU HIJO...
¡¡GATURRANTA!!
SÍ... ¡VOLVÍ! ¡¡ME ENTERÉ DE QUE TUVISTE UN HUEVO CON ESTA LOCA!!
VINE A CONFESAR ALGO, GATURRO... ¡¡ESE HUEVO ES HIJO MÍO!!
SI ESTO FUERA UNA TELENOVELA, ÁGATHA TERMINA SIENDO MI HIJA, EL HUEVO MI HERMANO Y GATURRANTA MI MAMÁ...

¡¡PERO NO, ÁGATHA, GATURRANTA!! ¡ESTÁN CONFUNDIDAS!
YO NO PUEDO SER EL PADRE DE ESTE HUEVO, Y UDS. NO PUEDEN SER LAS MADRES...
¿POR QUÉ?
¡¡PORQUE LOS GATITOS NO NACEN DE UN HUEVO!!
BUENO... A LO MEJOR TU HIJO NO LO SABÍA...
Nik

ESTOY HARTO CON EL EMBARAZO PSICOLÓGICO DE ÁGATHA
¿Y, GATURRO? ¿LLEVASTE A NUESTRO HIJO-HUEVO AL MÉDICO?
SÍ... LE HICE UNA HUEVOGRAFÍA...
AY...¡UNA HUEVOGRAFÍA! ¿PARA SABER SI ES NENE O NENA?
NO... PARA SABER SI ES CLARA O YEMA...
Nik

¡LO QUE FALTABA! ¡AHORA ÁGATHA ME HACE EMPOLLAR EL HUEVO! ¡NO AGUANTO MÁS!
¡TENGO QUE SACÁRMELO DE ENCIMA! A VER... ¿A QUÉ PAREJA SE LO PUEDO ENCAJAR PARA QUE PIENSEN QUE ES SU HIJO?
Nik

ANTES SOLÍA CANTAR A LA MEDIANOCHE...
MIIIIAAAUUUU
HASTA QUE ME BAJARON DE UN ZAPATAZO...
TUMP
ESE GOLPE ME DIO LA IDEA, FUE COMO LA MANZANA DE NEWTON...
MIIIIIAAAUUUU
¿¿QUÉ ES ESTO? ¿¿QUÉ HACE GATURRO AHORA??
PLAYBACK
Nik

TÍC TAC
TÍC TAC
TÍC TAC
SWIIIIIIP !!
¿Y EL PAJARITO?
¡¿DÓNDE ESTÁ EL PAJARITO DEL CUCÚ?!
ERA UNA PRESA DEMASIADO FÁCIL... SIEMPRE SALE A LA MISMA HORA
Nik

¡¡HOY QUIERO SER EL MEJOR DEL MUNDO!! ¡ES UNA CUESTIÓN DE ACTITUD!
NO, GATURRO... NO ES UNA CUESTIÓN DE ACTITUD, ES UNA CUESTIÓN DE APTITUD...
ES NOTABLE CÓMO UNA MÍSERA LETRA PUEDE ARRUINARTE EL DÍA...
Nik

ZZZZ
MMMMMM
GATURRO ...¿ QUÉ HACÉS ARRIBA MÍO ?!
¡¡ FUERA DE ACÁ, GATO LOCO !!
TOIIIING
TUMP
AH ... ME ENCANTA EL "BED-JUMPING" DE LAS SIETE DE LA MAÑANA
Nik

ÁGATHA... ¿ME QUERÉS?
LO QUE ME GUSTA DE ÁGATHA ES SU GRAN PODER DE SÍNTESIS
Nik

ALUMNOS... HOY VEREMOS EL TEMA DE LAS EDADES
POR EJEMPLO, GARMENDIA... ¿QUÉ EDAD TIENE SU MAMÁ?
35
BASUALDI... ¿QUÉ EDAD TIENE SU PAPÁ?
39
GATURRO... ¿Y USTED QUÉ EDAD ME DA A MÍ?
14
¡¡AY!! ¡ME DA 14 AÑOS! ¿ME VE COMO UNA ADOLESCENTE?
NO, NO... QUE VAMOS A NECESITAR EL CARBONO 14, DIGO...

VEAMOS LA RELACIÓN DE ALGUNOS ADULTOS CON LAS NUEVAS TECNOLOGÍAS...
HAY UN ESPÉCIMEN MUY CONOCIDO: EL COMPUSAURIO...
¿CÓMO HAGO PARA MANDAR UN MAIL?
¿TENGO QUE LLENAR ESTA BARRA O LA OTRA?
¿APRIETO SHIFT O CONTROL?
¿USO EL MOUSE O EL TECLADO?
¿SIMPLE O CERTIFICADA?
CORREO
Nik

¿Y POR QUÉ TE CASASTE CON MAMÁ? ¿Y POR QUÉ NACÍ YO? ¿Y POR QUÉ LUZ NACIÓ ANTES QUE YO? ¿POR QUÉ USAS BIGOTE?
¿POR QUÉ EL VECINO TIENE UN AUTO MÁS LINDO QUE EL TUYO? ¿POR QUÉ HAY CANALES DE TV QUE NO PUEDO VER?
¡GLUP!
AGUSTÍN ESTÁ EN LA "EDAD DEL POR QUÉ" ¿NO?
SÍ... Y EL PAPÁ ESTÁ EN LA EDAD DEL "¡¿POR QUÉ A MÍ?!"
NIK

DECIME, GATURRO...
¿QUÉ HACEMOS AQUÍ SENTADOS ENTRE CABLES DE TV, DE INTERNET Y DE TELÉFONO?
BUENO... ES SABIDO QUE LO ÚNICO QUE SOSTIENE A LA PAREJA ES LA COMUNICACIÓN

PAREJAS QUE QUEDARON EN LA HISTORIA...
Adán y Eva
Antonio y Cleopatra
Romeo y Julieta
PEACE & LOVE
John y Yoko
NOSOTROS, COMO PAREJA, MÁS QUE QUEDAR EN LA HISTORIA VAMOS A QUEDAR EN LA HISTERIA...
¡NO!
Gaturro y Ágatha
Nik

AAAAAAAH...
EEEEEEH?
¿¡¡¡¡¡Y?
OOOOOOH
UUUUUUH
ESO SÍ... LA TELEVISIÓN TE VUELVE IDIOTA, PERO EN ORDEN ALFABÉTICO
Nik

zZZZZZ
PAPi... ¿POR QUÉ TODOS LOS GATOS SiEMPRE SE DUERMEN ARRiBA DEL TELEViSOR ?
zzZZZ
¿EH ?
ES QUE PARA DESCANSAR BiEN HAY QUE TRATAR DE PENSAR LO MENOS POSiBLE ...
Nik

CREEMOS QUE GATURRO SE TRAGÓ ALGUNOS OBJETOS SIN IMPORTANCIA, DOCTOR...
ÑAM ÑAM...
VEAMOS QUÉ DICE LA RADIOGRAFÍA...
VEO UNOS AROS
AH... LOS AROS DE DE PERLAS DE MI SUEGRA ...¡DEJÉMOSLOS!
¡VAMOS!
VEO UN ANILLO
AH, EL ANILLO DE BODAS DE MI MUJER... ¡¡ PUEDE QUEDAR AHÍ !!
¡ÉSA!
Y VEO UNOS CUBITOS... CON NÚMEROS: 5, 1, 6, 2, 3...
OH, OH...
¡¡ MI JUEGO DE DADOS !!
NIK
¡AUCH...!
GATURRO
ALPISTE

ALUMNOS... HOY HABLAREMOS SOBRE REPRODUCCIÓN, EMBARAZO, DESARROLLO DEL BEBÉ...
OLALÁ... ¡QUÉ MODERNA LA MAESTRULI!
¿QUÉ ES ESTO, GARCÍA?
EL EMBRIÓN HUMANO, EL FETO...
¿Y QUÉ RODEA AL FETO, LÓPEZ?
LÍQUIDO AMNIÓTICO, SEÑORITA...
¿Y ESTE CORDÓN? ¿QUÉ ES ESTE CORDÓN, GATURRO?
ME PARECE QUE LA CONEXIÓN A INTERNET NO ERA...
0
cero!
Nik

ÁGATHA...
¿QUÉ, GATURRO?
A VECES SIENTO QUE SOS CORTANTE CONMIGO...
A VECES ME HACÉS SENTIR UN CLAVO...
A VECES SIENTO QUE DAS VUELTAS Y VUELTAS
PERO AMIGUÉMONOS ¡Y DAME UN BESO, AGATHA!
Nik

MIRÁ, PA ... "EN LOS PAÍSES DEL HEMISFERIO NORTE LA LEYENDA DICE QUE LOS GATOS TIENEN 9 VIDAS ...
MIENTRAS QUE EN LOS PAÍSES DEL HEMISFERIO SUR ESA MISMA LEYENDA DICE QUE TIENEN 7 VIDAS..."
¿QUÉ LES PARECE?
¡ARREGLAMOS EN 8 Y TODOS CONTENTOS, ¿OK?!
Nik

NO ME ESTARÁS ENGAÑANDO CON OTRO ¿NO?
Nik

¡GATURRO... BAJÁ DEL TECHO! TENEMOS QUE PONER LAS LUCECITAS NAVIDEÑAS...
¡NO! ¡¡ÉSTE ES MI TECHO!! ¡¡Y NO PERMITIRÉ QUE LO USURPEN CON ESAS LUCECITAS TONTAS!!
¡¡JAMÁS ME MOVERÉ DE AQUÍ!! ¿ENTENDIERON? ¡¡JAMÁS!!
Nik

Querido Papá Noel: te pido una playstation
AGUSTÍN... LLEGÓ LA HORA DE QUE SEPAS LA VERDAD: PAPÁ NOEL NO EXISTE...
¿AH, NO? ¿Y QUIÉN ES?
Y, BUENO... MIRÁ A TU ALREDEDOR Y DECIME QUIÉN ES EL ÚNICO CAPAZ DE COMPRARTE UN REGALO ASÍ...
AAAAAH...
CAN-CHERITO
Querido Bill Gates:
Nik

ESPACIO
EXCLUSIVO
PARA
EMBARAZADAS
ESPACIO
EXCLUSIVO
PARA REGALOS
DE GATURRO
Nik

¡¡ GATURRO... SE VIENE UN AÑO NUEVO !!
¿ NUEVO ? ¿Y CÓMO SABÉS SI NO ES USADO ?
¿ NO SERÁ UN 1984 , UN 1985 RECICLADO ?
NO SÉ...
¿TIENE NÚMERO DE SERIE ?
NO
¿TIENE GARANTÍA ?
NO
¿TIENE SEGURO CONTRA TODO RIESGO ?
NO
LO ÚNICO QUE TIENE ES FECHA DE VENCIMIENTO
AH, NOOO... ¡¡ ENCIMA ES UN PRODUCTO PERECEDERO !!
Nik

¡¡ AAAAH... AL FIN LLEGARON LAS VACACIONES... SE ACABARON LAS PREOCUPACIONES, LAS CORRIDAS, CHAU ESTRÉS, BASTA DE TELÉFONOS BASTA DE LA OFICINA, BASTA..!! A DESCANSAR...
ESO...
AAAAAAH...
AH...
YA ESTOY ABURRIDO...
Nik

¿SABÉS QUÉ, GATURRO? AHORA QUE TE MIRO BIEN...
LOS CACHETES DE TU CARA PARECEN UNA GRAN COLA...
Nik

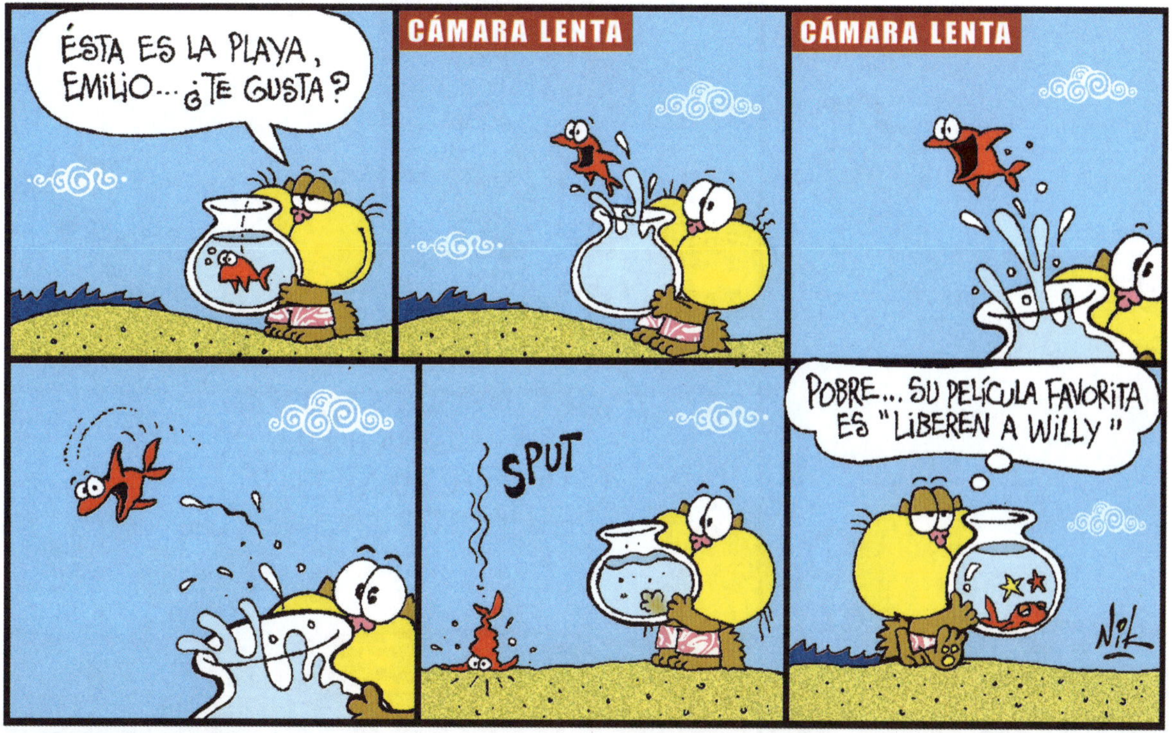
ÉSTA ES LA PLAYA, EMILIO... ¿TE GUSTA?
CÁMARA LENTA
CÁMARA LENTA
SPUT
POBRE... SU PELÍCULA FAVORITA ES "LIBEREN A WILLY"
Nik

SPLUASHHH
SPLUASHHH
¡¡ QUÉ DIFÍCIL ES CON VOS DEJAR ALGUNA HUELLA EN ESTA VIDA , EH !!
Nik

¡¡AH, QUÉ LINDO...!! ACÁ ESTOY TOSTÁNDOME DE UN LADO...
ME PARECE QUE EL MAR ME QUERÍA VUELTA Y VUELTA
Nik

PÁ... A GATURRO NO LO VEO POR NINGÚN LADO
¿CÓMO? ¿SE PERDIÓ?
¡¡GATURRO SE PERDIÓ!! ¡NO ESTÁ!
ESTO NO LO ENTIENDO... UNO YA SE SIENTE UN ESTÚPIDO POR HABERSE PERDIDO EN LA PLAYA Y ENCIMA TE APLAUDEN...
¡¡CLAP!! ¡¡CLAP!! ¡¡CLAP!! ¡¡CLAP!! ¡¡CLAP!! ¡¡CLAP!! ¡¡CLAP!! ¡¡CLAP!! ¡¡CLAP!! ¡¡CLAP!! ¡¡CLAP!! ¡¡CLAP!! ¡¡CLAP!! ¡¡CLAP!! ¡¡CLAP!!
Nik

¡¡TE ENCONTRARON, GATURRO!! ¡¡TE HABÍAS PERDIDO EN LA PLAYA!!
GATURRO... PENSÉ QUE NO TE IBA A VER NUNCA MÁS, QUE NO OCUPARÍAS MÁS MI SILLÓN, QUE NO TROPEZARÍA CON VOS AL DESPERTAR, QUE NO ESCUCHARÍA TUS MAULLIDOS...
¿Y DE QUÉ ME ESTOY ALEGRANDO?

LLEGÓ EL MOMENTO DE LA DESPEDIDA... CHAU VACACIONES, CHAU PLAYA, CHAU OLAS...
... CHAU VIENTO, CHAU NUBES, CHAU SOL, CHAU GAVIOTAS, CHAU MAR, CHAU ARENA...
...CHAU CARPAS, CHAU ALMEJAS, CHAU BAÑERO, CHAU CARACOLES...
CHAU PANTALLA SOLAR FACTOR 32
TODOS LOS AÑOS HACE LO MISMO PARA QUEDARSE UN DÍA MÁS...
Nik

AAAAH...¡CÓMO NOS GUSTA A LOS GATOS DORMIR EN EL CANASTO DE LA ROPA !!
ZZZZZZ
GORDI...¿ME PONÉS A LAVAR LO DEL CANASTO ?
OK
ZZZZZZ
TUMP
TUMP
PRRRRRRRRRR
Nik

PST !
UAUUUUUUU!!
ASÍ ES LA COSA, RAMIRO. HOY POR HOY MÁS IMPORTANTE QUE SER ES PARECER
LA IMAGEN ES TODO
Nik

NO
NO
NO
NO
NO
CHOCO LAT
NO
NO
Ice Cream
ME RINDO, YA NO SÉ DE QUÉ DISFRAZARME PARA QUE ÁGATHA ME DE BOLILLA...

TE QUIERO, ÁGATHA
AY, GATURRO... ¡SOS UN DULCE!
¿Y ENTONCES POR QUÉ NO ME DAS BOLA?
ES QUE EN EL AMOR SOY DIABÉTICA...
Nik

SI MIRÁS MIS BIGOTES PODÉS SABER MIS ESTADOS DE ÁNIMO. FIJATE...
TRANQUILO
ASUSTADO
ENAMORADO
TRISTE
¿Y ÉSTE?
99% DE HUMEDAD
Nik

¡¡HOLA, GATURRANTA!!
¡¿QUÉ HACÉS VOS ACÁ?!
¡¿QUÉ TE IMPORTA?!
¡¡NO TE PUEDO VER!!
¡¡YO TAMPOCO!!
BUENO, BUENO
¡ME VOY!
EEEEEH...
¡YO TAMBIÉN!
¡¡ANTES ERA ÁGATHA SOLAMENTE... PERO AHORA ME ABANDONAN EN EQUIPO!!
Nik

MAMi... ¿CÓMO NACÍ YO?
Queremos un bebé
Tec tec tec
Baby Fast
YA!
Baby Fast
Baby Fast
PARECE QUE EN LA ERA DiGiTAL EL CUENTiTO DE LA CiGÜEÑA NO VA MÁS...
Nik

AYER EMPECÉ MIS CLASES DE BALLET
VOILÁ, GATURRÉ... DANCÉ VOUS!
JE! GATURRÉ AVEC TUTÚ
TIQUI TIQUI
TRÈ BIEN, GATURRÉ!! TRÈ JOLÍ!!
TIQUI TIQUI TIQUI
TODO BIEN HASTA QUE LA PROFESORA ME PREGUNTÓ CUÁL ERA ESE PASO...
NON, GATURRÉ, NON! "PAS DE DEUX" "PAS DE DEUX"!!
TOING!
SIEMPRE ME SALE "PATÉ DE FOIE"
Nik

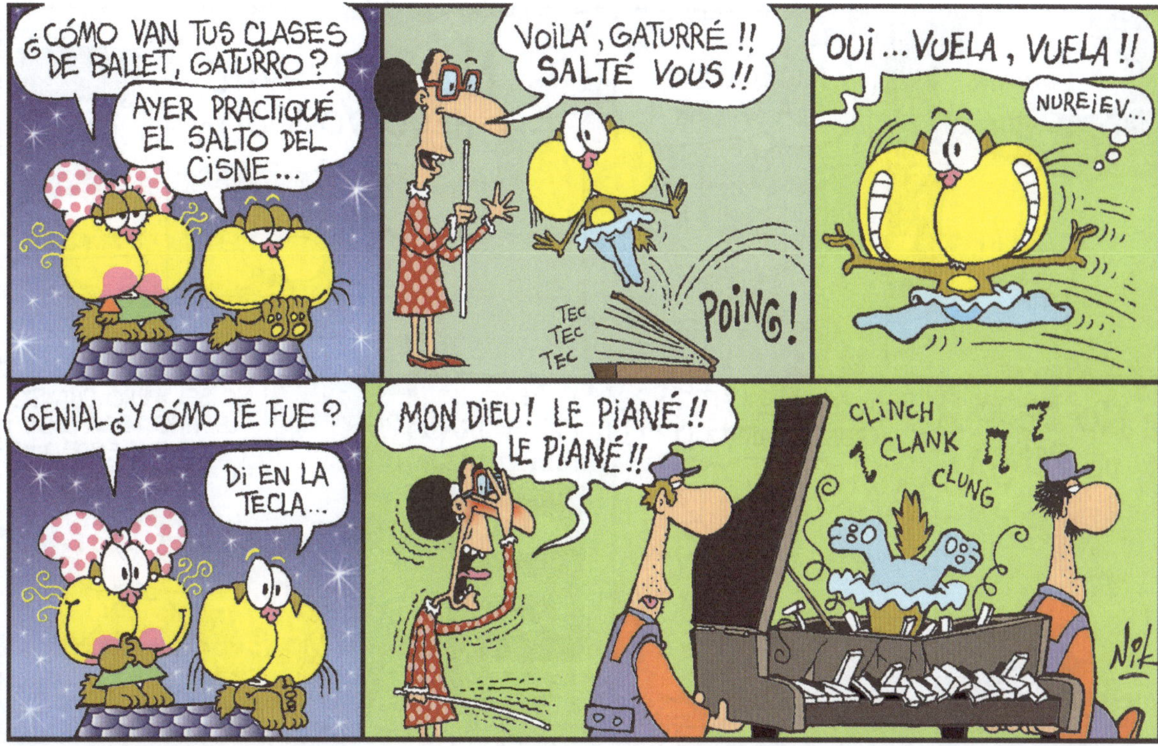
¿CÓMO VAN TUS CLASES DE BALLET, GATURRO?
AYER PRACTIQUÉ EL SALTO DEL CISNE...
VOILA', GATURRÉ !! SALTÉ VOUS !!
TEC TEC TEC
POING!
OUI ... VUELA, VUELA !!
NUREIEV...
GENIAL. ¿Y CÓMO TE FUE?
DI EN LA TECLA...
MON DIEU! LE PIANÉ !! LE PIANÉ !!
CLINCH
CLANK
CLUNG
Nik

AH... A DORMIR...
BUENO, MEDIANOCHE... ¡¡ A CANTAR !!
NO SE TUUUUÚ... PERO YOOOOOO...
NO DEJO DE PENSAAAAAR !!
¿ESTA VEZ QUÉ LE TIRO? ¡¿QUÉ LE ARROJO?!
PERO... ¡¿QUÉ SE TRAGÓ?!
NO SÉ, PERO CUANDO LE TIRO DE LA COLA SE ENCIENDE
¡CLIK!
Nik

HOOOOLA ÁGATHAAA...
¡¡ AAAAAH, UNA CABEZA FLOTANTE !!
NO, ÁGATHA... SOY EL ESPÍRITU DE LOS ENAMORADOS... DALE BOLA A GATURRO, REPITO: DALE BOLA A GATURRO...
DALE BO...
¡¡ ESTÚPIDO !!
¡¡ TODA LA SEMANA BUSCANDO ROPA NEGRA Y JUSTO HOY ME INAUGURAN EL ALUMBRADO PÚBLICO !!
Nik

PA... NOS QUEDAMOS VIENDO UNA PELÍCULA DE MIEDO...
¡NO, NO! ¡¡NADA DE COSAS FANTASIOSAS, QUE DESPUÉS NO PUEDEN DORMIR!!
¿QUÉ? ¿ACASO LA REALIDAD ES MEJOR?
Nik

SE SIGUE INVESTIGANDO EN EL CAMPO DE LA CLONACIÓN Y LA MANIPULACIÓN GENÉTICA...
EN UNOS AÑOS SE PODRÁ ELEGIR EL SEXO, EL COLOR DE OJOS O EL COEFICIENTE INTELECTUAL...
¡QUÉ INCREÍBLE! ¡¡CÓMO AVANZA LA CIENCIA!!
SÍ... LO QUE NO AVANZA MUCHO ES LA CONCIENCIA
Nik

¿Y ESTA HORMIGA?
HORMIGUERO CON SERVICIO DE DELIVERY...
Nik

¡¿QUIÉN TUVO LA CULPA?!
ÉL
ÉSA
ÉSTE
ELLA
ÉSE
AQUÉL
NADA MEJOR QUE LA OFICINA PARA APRENDER PRONOMBRES GRAMATICALES
Nik

Love Love Love...
TiKi
ÁGATHA... VOS SOS EL BANCO DE MI AMOR...
UF... ¡¡ QUÉ PESADO !!
¡¡ DEJAME ABRIR UNA CAJA DE AHORRO PARA EXTRAER CUOTAS DE TU CARIÑO... DAME UNA CHEQUERA CON FONDOS DE TU CORAZÓN !!
POR FAVOR, PORFI... ¡¡ UN PRESTAMITO, UN BESO, UNA CARICIA, UN MIMO !!
¡CHAU! ¡ ANDÁ A PEDIRLE A GATURRANTA, A MISHELLA Y A GATA FLORA !!
TUMP
ME PARECE QUE ESTE BANCO NO ATIENDE POR VENTANILLA... ¡¡ ME MANDÓ A LOS CAJEROS AUTOMÁTICOS !!
Nik

YO SOY MAGO, ÁGATHA...
COMO HARRY POTTER
PUEDO HACER DESAPARECER ESE AVIÓN DE UN CHASQUIDO...
CHASK
CHASK
CHASK
CHASK
CHASK
A MÍ LO ÚNICO QUE ME DESAPARECE SON LAS CHICHIS...
Nik

GATURRO... ¿CÓMO SE DICE "TUTELA" EN INGLÉS?
YOUR CLOTH
WHAT VERITAS? ALL WIND? (¿QUÉ TALCO? ¿TODO VIENTO?)
¿PANQUEQUE?
BREAD WHAT WHAT
¿ESCARABAJO?
IS FACE DOWN
DIEZMAR
TEN SEA
PATOLÓGICO
LOGICAL DUCK
DECIMAL
SAID WRONG
¿QUESERÍA?
WHAT WOULD BE?
LONGANIZA
LONG BEACH
ESMALTE
IS BAD TEA
VENTANA
COME, ITALIAN WOMAN
¡LO SUYO ES PÉSIMO! ¡¡NO LO TOLERO, PERO NO PUEDO DEJAR DE HACERLE PREGUNTAS, GATURRO!!
AND GOOD... IF YOU LIKE THE PEACH, SUPPORT THE LITTLE HAIR! (¡Y BUENO... SI TE GUSTA EL DURAZNO, BANCATE LA PELUSA!)
Nik

A ÁGATHA LA MATO CON MI TARJETA ESTILO BOND... JAMES BOND
HELLO, BABY... THIS IS MY NAME...
Nik
TURRO... GA-TURRO
JE... JE...
RADO...TA-RADO

A LAS CHICHIS HAY QUE SORPRENDERLAS CON LAS PREGUNTAS...
TIN TIN TIN
ÁGATHA... ¿TOMAMOS ALGO?
SÍ, GATURRO... TOMÉMONOS UN TIEMPO...
TONG
EL PROBLEMA ES CUANDO TE SORPRENDEN CON LAS RESPUESTAS...
Nik

Te amo
BASTA, GATURRO. ¡PARÁ DE DIBUJAR! YA ESTÁ... YA ENTENDÍ LA INDIRECTA...
TIN TIN TIN
Nik

g@turro

Mail:
nik@gaturro.com

Página:
www.gaturro.com

Edición impresa en Latingráfica S.R.L.,
Rocamora 4161, (C1484ABC) Buenos Aires, Argentina,
en julio de 2009